BEI GRIN MACHT SICH IHR WISSEN BEZAHLT

AF139861

- Wir veröffentlichen Ihre Hausarbeit,
  Bachelor- und Masterarbeit

- Ihr eigenes eBook und Buch -
  weltweit in allen wichtigen Shops

- Verdienen Sie an jedem Verkauf

Jetzt bei www.GRIN.com hochladen
und kostenlos publizieren

Bibliografische Information der Deutschen Nationalbibliothek:

Die Deutsche Bibliothek verzeichnet diese Publikation in der Deutschen National-bibliografie; detaillierte bibliografische Daten sind im Internet über http://dnb.d-nb.de/ abrufbar.

Impressum:

Copyright © 2017 GRIN Verlag
Druck und Bindung: Books on Demand GmbH, Norderstedt Germany
ISBN: 9783668777934

Dieses Buch bei GRIN:

https://www.grin.com/document/436766

Jessica Aberle

Das Böse in Carl Gustav Jungs "Antwort auf Hiob"

GRIN Verlag

Carl Gustav Jung-
Antwort auf Hiob

Seminararbeit

Jessica Aberle

25.05.2017

Seminarkurs „Das Böse"

Inhaltsverzeichnis

1. Definition des Bösen

1.1 Biblischer Ansatz

Nach biblischer Ansicht geht das Böse keinesfalls von Gott aus. Wie in Genesis 1 mehrfach erwähnt, schuf Gott die Erde gut und deshalb ist von einer rein guten Schöpfung auszugehen. Genauer betrachtet beschäftigt sich die Bibel auch gar nicht mit der Herkunft des Bösen, sondern vielmehr mit dessen Auswirkungen und dessen Beseitigung.[1] Die Annahme, dass das Böse im Christentum verdrängt wird, ist nicht richtig, wird aber von vielen Nichtchristen angenommen. In der Bibel wird zwar überwiegend das Gute beschrieben, da der Mensch durch Gott zum Guten kommen solle, aber das Böse wird keinesfalls ausgeschlossen oder verleugnet.

Das Böse hat in der Bibel fünf unterschiedliche Namen, denen teilweise auch eine jeweils andere Art des Bösen zugeordnet wird. So wird der Teufel z.B. häufig als Unruhestifter bezeichnet, der für Chaos sorgt und so versucht, den Menschen von Gott wegzubringen. Eine weitere Personifizierung des Bösen finden wir in Satan, der als Ankläger gilt. Er klagt den Menschen bei Gott an und lässt so Gott darüber urteilen, was Gut und was Böse ist. Durch Satan wird klar, dass die letzte Entscheidung nach biblischer Sicht immer bei Gott liegt. Teilweise wird das Böse auch als solches bezeichnet und kann dann vielen Arten des Bösen angehören (ein Beispiel, wo das Böse direkt genannt wird ist im „Vater unser" zu finden: „Erlöse uns von dem Bösen"[2]). Als Feind wird das Böse beispielsweise in Matthäus 13,39 bezeichnet, wobei dieses eindeutig dem Menschen gegenübersteht und ihn bei Gott anschuldigt. Die fünfte Bezeichnung für das Böse finden wir in Johannes 12,31. Hier bezeichnet man das Leid, welches auf Erden herrscht, als den Fürsten der Welt. Dadurch wird die Erde, die nicht dem Paradies entspricht, als böse charakterisiert.[3]

Interessanterweise kommt das Böse oder das als Satan personifizierte Böse im Alten Testament seltener vor als im Neuen Testament.[4] Da durch Jesu Auferstehung das Böse aber besiegt sein sollte, würde man doch das Gegenteil annehmen. Hierzu lässt sich nur

---

[1] Vgl. Stubhann, Prof. Dr. Matthias u. A. (1985) S. 112f
[2] Hoffnung für alle (Bibel) Matthäus 6, 9-13
[3] Vgl. Jentsch, Werner; Jetter, Hartmut; Kießig, Manfred und Reller, Horst (Jahr unbekannt) S. 336 (bezieht sich auf gesamten Abschnitt)
[4] Vgl. Frei-Anthes, Henrike, Satan (AT), In: Bibelwissenschaften (https://www.bibelwissenschaft.de/wibilex/das-bibellexikon/lexikon/sachwort/anzeigen/details/satan-at/ch/329f71e94f3863bd3896dca1528020a4/ Zuletzt: 17.04.2017) 2007, ohne Paginierung

vermuten, dass, von Jesus Zeiten bis zur Offenbarung hin, dem Menschen immer bewusster wurde, was das Böse ist und wie sehr es ihn von Gott trennt. Man könnte dies auch auf den Gesellschaftswandel durch Jesu Vorbild beziehen. Im Alten Testament war beispielsweise Rache noch ein legitimes Mittel, was nach Jesu Aussagen wie „Liebe deinen Nächsten"[5] als Böse angesehen wurde. Dies ist jedoch nur eine Annahme und kann nicht als Tatsache betrachtet werden.

Das Böse kam der Bibel nach keinesfalls, wie es viele Menschen denken, nur durch den Sündenfall in die Welt. Dieser beschreibt lediglich die Hauptsünde, aber in keiner Weise den absoluten Ursprung. Das Böse wurde durch eine ganze Anreihung von Grenzüberschreitungen durch den Menschen in dieser Welt verfestigt.[6] Das Ganze begann mit dem Sündenfall, bei dem der Mensch Gott misstraute und seine Gebote nicht befolgte. Als Kain Abel erschlug, wendete sich der Mensch gegen seine Mitmenschen, um seinen Willen zu erreichen. Die beiden weiteren Schritte in der großen Geschichte des Leids und der Sünde beschreiben das Streben nach Macht und den Willen nach übermenschlichem Sein, welche sich einmal in Genesis 6, 1-4 durch die Vermählung von Menschen und Engeln und in Genesis 11,1-9 in der Überschätzung der technischen Möglichkeiten durch den Menschen beim Turmbau von Babel zeigen.[7]

In der Bibel wird das Böse also als das Getrenntsein von Gott beschrieben. Es wird in mehreren Charakteren personifiziert und entwickelt sich im Laufe der Bibel, worauf ich später bei Hiob noch zurückkommen möchte. Dadurch, dass die Erde an sich als böse beschrieben wird, hat der Mensch in jeder Situation mit der Versuchung gegen Gott zu handeln, zu kämpfen.

1.2 Eigene Ansicht und Definition für die Seminararbeit

Da es in dieser Seminararbeit nicht um einen Menschen geht, dessen Tat bewertet werden soll, sondern vielmehr um den Versuch, Gott, sofern man die Existenz eines Gottes anerkennt, zu verstehen, ist es schwer, meine eigenen Ansichten zum Bösen nützlich einzubringen. Vielmehr werden meine Vorstellungen über die Herkunft des Bösen gefragt sein. Diese möchte ich in diesem Abschnitt genauer darstellen.

---

[5] Hoffnung für alle (Bibel), Mt 5,43
[6] Vgl. Jentsch, Werner; Jetter, Hartmut; Kießig, Manfred und Reller, Horst (Jahr unbekannt) S. 255
[7] Vgl. Jentsch, Werner; Jetter, Hartmut; Kießig, Manfred und Reller, Horst (Jahr unbekannt) S. 257

Zunächst möchte ich betonen, dass ich an die Existenz eines Gottes glaube, da ich mir nicht vorstellen kann, dass die Erde einfach so entstanden ist. Grundlegend kann ich mich bei den Gottesvorstellungen an Carl Gustav Jung anschließen, auf die ich später genauer eingehen möchte. Das Böse muss einen Ursprung haben und kann meiner Meinung nach genauso wenig wie die Erde selbst einfach da gewesen sein. Da ich Gott als den Schöpfer anerkenne, sehe ich auch den Ursprung des Bösen in ihm. Das bedeutet also, dass es meiner Ansicht nach keinen rein guten Gott gibt. Jedoch ist zu beachten, dass beim christlichen Gott das Gute überwiegt und das Böse ein kleiner Teil unter vielen guten Eigenschaften Gottes ist. Im Charakter der Menschen jedoch nimmt es einen häufig größeren Anteil ein, als in Gott selbst.

Was nun als Böse bewertet werden kann, hängt häufig von dem Schaden ab, den eine Tat bereitet und ob sich die Person bewusst über ihr Handeln und dessen Folgen ist. So kann man meiner Ansicht nach eine Person die unbewusst – beispielsweise wegen einer Krankheit – handelt, nicht als böse bezeichnen.

Bei dem Leid, das Gott Hiob in dem nach ihm benannten Buch antut, handelt es sich aber eindeutig um eine böse Tat, welche hier also von der bösen Seite Gottes erfolgt. Man sollte beim Bewerten von biblischen Geschichten immer darauf achten, dass Gott stets Eins ist. Ist von Engeln die Rede, so ist das Gott und ist von Satan die Rede, ist es ebenfalls Gott. Es gibt nicht die gute und die böse Seite im Himmel, die sich gegenüber stehen und gegen einander kämpfen, sondern es ist immer Gott, der eben zwei Charaktere aufweist.

Soweit meine Ansichten zu diesem Thema. Nun möchte ich darstellen, wie Carl Gustav Jung zum Bösen steht und dies anhand des Buches „Antwort auf Hiob" näher beleuchten. Außerdem möchte ich mir ein Bild davon machen, ob Jung das Böse in seinen Büchern nicht verharmlost. Um die späteren Ansichten Jungs besser zu verstehen und deren Ursprünge zu erkennen, halte ich es für sinnvoll, zunächst eine Biografie dieser bedeutenden Person darzustellen.

2. Carl Gustav Jung

2.1 Biografie

Carl Gustav Jung wurde am 26. Juli 1875 in Kessewil am Bodensee als Sohn des evangelischen Pfarrers Johann Paul Achiles Jung und Emilie Jung geboren. Er war damit in einer sehr vielseitig interessierten Familie zur Welt gekommen.[8] Knapp sechs Monate nach Carl Gustavs Geburt fand ein Umzug nach Schaffhausen statt und vier Jahre später folgte ein weiterer Wohnsitzwechsel nach Klein-Hüningen. Im Jahre 1884 machte die Geburt seiner Schwester Gertrud die Familie Jung vollzählig.[9] Nach einer erfolgreich abgeschlossenen Gymnasialschulzeit in Basel schwankte Jung bei der Entscheidung für ein Studium zwischen Natur- und Geisteswissenschaften. Er entschied sich letzten Endes für ein Medizinstudium und folgte damit dem Beispiel seines Großvaters Ignaz Jung, der von 1759 bis 1831 lebte und als Arzt tätig war. Als 1896 Jungs Vater starb, geriet die Familie in finanzielle Schwierigkeiten und Carl Gustav musste sich das Studium durch viele Nebenjobs selbst finanzieren. Jung beschrieb diese Zeit in Armut aber keinen Falls als negativ, im Gegenteil meinte er, dass man in Armut die einfachen Dinge zu schätzen lerne und sah diese Zeit deshalb als durchaus positive Erfahrung an.[10] Mit der Arbeit seines Vaters konnte sich Jung nie identifizieren, da er nicht dazu bereit war, einem Dogma zu folgen und, wie dies seiner Meinung nach in der Kirche geschah, unreflektiert Dinge zu predigen die man selber nicht verstand. Jung beschrieb sich selbst nie als ungläubig, er war nur der Überzeugung, dass man Glaube nicht predigen kann sondern ihn selber erleben müsse[11] („Das Gottesbild ist keine Erfindung, sondern ein Erlebnis"[12]).

Durch das Buch „Lehrbuch der Psychiatrie" von Krafft-Ebbing zum Beruf des Psychiaters inspiriert, startete Jung zu Beginn des Jahres 1900 als Assistent von Professor Eugen Bleuler an der Psychiatrischen Klinik „Burghölzli" in Zürich. Er sah in diesem beruflichen Bereich sein Interesse an Natur- und Geisteswissenschaft mit seinem Studium der Medizin verbunden. Seine medizinische Doktorarbeit „Zur Psychologie und Pathologie

---

[8] Vgl. Wehr, Gerhard(1.Auflage: 1969; 22.Auflage: 2013) S.9
[9] Vgl. Krapf, Pascal (2000) S.3
[10] Vgl. Wehr, Gerhard (22.Auflage: 2013) S.19; Wehr führt hierzu ein Zitat aus den „Erinnerungen, Träume, Gedanken" an. Dieses Buch wurde von einer Schülerin Jungs (Aniela Jaffé) nach dessen Tot zusammengestellt und veröffentlicht.
[11] Vgl. Karpf, Pascal (2000) S.4
[12] Jung, Carl Gustav, Aion, Zürich 1951, S.281

sogenannter occulter Phänomene" beendete Jung im Jahre 1902. Er legte nach zwei Jahren Arbeit eine Pause ein und begann einen einjährigen Aufenthalt in Paris, um dort mit Professor Pierr Janet zu arbeiten. Wieder zurück in Zürich wurde er 1905 als Oberarzt eingestellt. 1903 ging er eine Ehe mit Emma Rauschenbach ein und bekam mit ihr fünf Kinder, vier Mädchen und einen Jungen.[13]

Während seiner Kindheit hatte Jung viele Träume und Visionen, die zu einem Art Doppelleben führten. Auf der einen Seite gab es den nach außen sichtbaren Carl Gustav, der schwer mit Mathe und Turnen zu kämpfen hatte. Die jedoch für Jung selbst wichtigere Seite seiner Persönlichkeit war sein inneres Erleben, was sich in seinen späteren Lehren auch sehr deutlich abzeichnete. Diese geistige Seite C. G. Jungs trat auch bei einem Ohnmachtsanfall und einer schweren Kopfverletzung, bei denen er einige Visionen hatte, stark in Erscheinung.[14]

Ein weiteres Werk („Über die Psychologie der Dementia praecox") erschien 1907. Noch im selben Jahr begann der persönliche Kontakt mit Sigmund Freud durch ein Treffen in Wien im Februar. Freud bekam für seine Thesen als Jude zur Zeit des Antisemitismus wenig Zuspruch. Dennoch hatten seine Lehren, vor allem das Werk zur Traumdeutung, Auswirkungen auf das Arbeiten Jungs, der sich sehr viele Gedanken über die Thesen Sigmund Freuds machte. Dies soll nicht bedeuten, dass er mit Freud stets einer Meinung war, eher im Gegenteil standen diese beiden Männer häufig im Kontrast.[15] Eine Meinungsverschiedenheit zu einer These Jungs führt im Jahr 1913 zum Bruch der Freundschaft. Dieser Verlust stürzte Jung in eine tiefe innere Krise.

1909 beendete Jung seine Arbeit an der Klinik in Zürich und eröffnete eine Privatklinik in Küsnacht. Um sich weiter über seine Theorie des kollektiven Unbewussten zu informieren, startete Jung mehrere Expeditionen nach Nord-Afrika, zu den Pueblo-Indianern, Kenia, Uganda und Indien, auf welchen er zu der Erkenntnis gelangte, dass es in der westlichen Welt einer Erweiterung der Wissenschaft bedürfe. Seine Gedanken zur Begegnung von Ost und West schrieb er in dem Aufsatz „Yoga und der Westen" im Jahre 1936 nieder.[16] Jung beschrieb im Laufe seines Lebens immer wieder eine gewisse

---

[13] Vgl. Gawlick, Ramona, Carl Gustav Jung Biografie, in: Carl Gustav Jung.net (http://www.carl-gustav-jung.net/impressum.shtml Zuletzt: 15.04.2017) 2013, ohne Paginierung
[14] Vgl. Wehr, Gerhard (22.Auflage: 2013) S.12
[15] Vgl. Wehr, Gerhard (22.Auflage: 2013) S.26, 28, 31 oder auch Beck, Irene (1976) S. 26; hier werden die Ansichten Freuds und Jungs in Bezug auf den Libido Begriff gegenübergestellt
[16] Vgl. Krapf, Pascal (2000) S.3 und Wehr, Gerhard (22.Auflage: 2013) S.89, 97

Einsamkeit, die ihn stets begleitete, da er das Gefühl hatte, etwas zu wissen, was andere Menschen nicht verstanden oder nicht verstehen wollten.[17] Seine Frau Emma starb 1955. Nach der Entwicklung vieler Theorien und der Veröffentlichung vieler Werke, welche, wie Jung selbst betonte, noch der Nacharbeit bedürfen („Die systematische Aufarbeitung meiner oft nur hingeworfenen Gedanken bedeutet eine Aufgabe für alle, die nach mir kommen, und ohne eine derartige Leistung wird es keinen Fortschritt in der Wissenschaft der analytischen Psychologie geben"[18]), endete das Leben Carl Gustav Jungs am 6. Juni 1961 im Alter von 86 Jahren.

2.2 Einige Werke und Thesen von C.G. Jung

Zunächst möchte ich darauf hinweisen, dass Carl Gustav Jung so umfangreiche und vielseitige Gedanken verfolgte, dass es gar nicht möglich ist, diesen in einer Seminararbeit gerecht zu werden. Die von mir hier angeführten Werke und Thesen schienen mir als relevant in Bezug zum Thema des Bösen und sollen die für Jung typischen Gedanken darstellen.

Eine genaue Anzahl der von Carl Gustav Jung verfassten Werke ist nicht eindeutig festzustellen, da er viele seiner Gedanken nicht in einem Buch veröffentlichte, sondern in seinem Tagebuch oder anderen Aufzeichnungen für sich vermerkte. Demnach wurden auch nicht alle seiner Gedanken veröffentlicht. Zu seinen bekanntesten Werken gehört „Die Archetypen des kollektiven Unbewussten", in dem er seine grundlegendste These beschreibt. Das kollektive Unbewusste stellt für Jung eine Art gemeinschaftliches Unterbewusstsein dar, das vom Individuum unabhängig ist.[19] In vielen weiteren seiner Werke vergleicht er die Psychologie mit anderen Lehren oder Wissenschaften: „Psychologie und Alchemie" (1944); „Psychologie und Erziehung" (1946) und „Psychologie und Religion" (1937-1940).[20] In dem zuletzt genannten Werk beschreibt Jung die Selbstwerdung aus Sicht des Christentums. Die Selbstwerdung basiert im Allgemeinen auf der Unterscheidung von „Ich" (Mensch) und „Selbst" (übermenschliche Macht). Das Selbst ist in diesem Werk der Ort der Religion. Somit beschreibt die Inkarnation Gottes, also die Verwirklichung Gottes in einem Menschen, die

---

[17] Vgl. Wehr, Gerhard (22.Auflage: 2013) S.15
[18] Aus Wehr, Gerhard (22.Auflage: 2013) S. 125; diese Zitat stammt aus einem Brief von Jung an seine Schülerin Jolande Jacobi, welches dem Werk „Der Weg zur Individuation" (Zürich 1965 von Jolande Jacobi, S.7) entnommen wurde
[19] Vgl. Krapf, Pascal (2000) S.5
[20] Vgl. Wehr, Gerhard (22.Auflage: 2013) S.141ff

Selbstwerdung im christlichen Sinn. In anderen Worten: Christen können sich durch die Inkarnation in Jesus besser mit Gott identifizieren. Außerdem beschreibt Jung in diesem Werk seine Vorstellung zur Trinität und die nach ihm benötigte Ergänzung zur Quaternität (vgl. Abbildung 1).[21]

Da ich viele von Jungs Werken später noch indirekt erwähnen werde, halte ich es nicht für sinnvoll, deren Inhalte hier schon vorweg zu nehmen. Wie bereits erwähnt, wurden nicht alle von Jungs Werken veröffentlicht und viele seiner Thesen kann man nur aus den Werken einiger seiner Schüler herausfinden. Der größte Teil seiner Thesen wurde von einer seiner Schülerinnen zusammengestellt und in dem Werk „Erinnerungen, Träume, Gedanken" veröffentlicht.

2.3 Sein Bild vom Bösen

Dadurch, dass sich Carl Gustav Jung nie auf eine Meinung komplett festlegte, schwankt auch sein Bild des Bösen von Werk zu Werk. So beschreibt Jung beispielsweise ein zweifaches Verständnis des Bösen, was in seinen Werken jedoch nicht immer eindeutig unterschieden werden kann. Die eine Seite des Bösen ist für ihn die vorpersonale oder auch naturhafte Seite, diese steht dem moralischen beziehungsweise ethischen Bösen gegenüber. Primär beschreibt Jung das Böse aber auch als Macht, die aus dem Unbewussten kommt, wodurch er es nicht nur dem Menschen selbst zuschreibt sondern auch seiner Umwelt, die dem Menschen das Böse antut. Hierbei kann man jedoch nicht klar zwischen dem Bösen, das aus dem Menschen selbst oder besser gesagt aus dem Unterbewusstsein des Menschen kommt, und dem Bösen, das von außen auf die Person einwirkt, unterscheiden. Jung betont auch, dass das Unbewusste kein Gut und Böse kennt, sondern diese Wertfunktion jedem Menschen individuell zu kommt und es dadurch kein eindeutiges Böses gibt („quasi Böse"[22]). Wie eine Person dies bewertet, kommt dabei auf das individuelle Entwicklungsstadium an.[23]

Carl Gustav Jung betrachtet das Böse häufig nicht als alleinige Antriebskraft, sondern er legt großen Wert auf die Gegensätzlichkeit von Gut und Böse. So vergleicht er Gut und Böse beispielsweise mit dem Chaos und der Ordnung oder auch mit dem Bewussten und dem Unbewussten. Betont werden muss hierbei, dass er diese jeweiligen Gegensätze

---

[21] Vgl. Rieländer, Maximilian; Silberer, Michael (1969) S.6, 8, 9
[22] Jung, Carl Gustav, *Über die Archetypen des kollektiven Unbewussten*, Zürich 1954, S.46
[23] Vgl. Beck, Irene (1976) S. 5, 17, 18, 22

grundsätzlich nicht der guten oder der bösen Seite zuschreibt, sondern nur einen Kontrast zum Ausdruck bringt. So kann das Böse als eigenständige Energie, die Eigenmacht und Dynamik besitzt und sich so dem Guten entgegensetzt, zusammengefasst werden.[24] Zur Entstehung des Bösen ist Jung der Überzeugung, dass das Böse auch Gotteswille ist, da – ganz im Gegensatz zur Privatio-Boni-Lehre – es keine böse Schöpfung von einem rein guten Gott geben kann. Jung stellt das Böse aber in keinem Fall als unbesiegbare Macht dar, er legt sogar größten Wert auf die Besiegung des Bösen, die für ihn zum Individuationsprozess eines jeden Menschen gehört beziehungsweise gehören sollte. Jung beschreibt darin das Böse als Schatten, den es in das „Selbst"[25] zu integrieren gilt. Gelingt diese Integration nicht, so tritt das Böse in Erscheinung. Genauso beschreibt Jung die „Libido"[26] – sofern sie nicht in das Selbst integriert werden kann – als zerstörerische Macht oder auch als „ungezähmte Libido".[27]

Symbolik spielte bei Jung von Kindestagen an eine große Rolle. Daher ist es kein Wunder, dass er auch dem Bösen ein Symbol zuordnet. Hierbei handelt es sich jedoch nicht um ein eindeutiges Symbol, sondern vielmehr um eine Symbolergänzung durch das Böse. Beispielsweise fügt Jung das Böse in die vom Christentum begründete Dreieinigkeit Gottes ein und ergänzt diese so zu einer Quaternität. Dabei betrachtet er das Böse als den Teufel bzw. Satan oder auch Antichristus und damit als den Bruder des Christus (vgl. Abbildung 1).[28]

Zusammenfassend kann das Böse für Jung als das angesehen werden, was als Schatten, also als negative Persönlichkeit, nicht in das Selbst integriert wurde, also auch nicht von der Person anerkannt wird. Damit dieses Böse jedoch überhaupt existieren kann, muss der Schöpfer als Gott auch eine böse Seite besitzen, welche der Mensch durch Ordnungen zu besiegen versucht. Demnach wird das Verstoßen gegen die Ordnungen oder den Sittenkodex einer Gesellschaft als böse Tat gewertet. Jung setzt die Anerkennung des Bösen aber voraus, um die Individuation abzuschließen.

---

[24] Vgl. Beck, Irene (1976) S. 22, 23
[25] Das Selbst beschreibt für Jung die göttliche Macht, der sich ein jeder Mensch unterordnen sollte. Im Selbst treffen unbewusste und bewusste Faktoren aufeinander. Jung erwähnt diese Konstellation von Ich (das Individuum) und Selbst und die Individuation (die Erkennung des Ichs im Selbst und die Integration des Bösen) in vielen seiner Werke.
[26] Die Definition der Libido war ein weiterer Kontrastpunkt zwischen Jung und Freud. Freud sah in der Libido ausschließlich den sexuellen Drang, wärend Jung es mit der Energie verglich: Es gibt verschiedene Formen, die einem empirischen Gesetz folgen aber an sich unbekannt bleiben. Vgl. hierzu Beck Irene (1976) S.26
[27] Beck, Irene (1976) S.30
[28] Vgl. Beck, Irene (1976) S.35f

3. Das Buch Hiob

3.1 Zusammenfassung

Der wohlhabende und gottesfürchtige Mann Hiob ist der Mustermensch für Gott und bei einer Versammlung im Himmel, bei der auch Satan anwesend ist, prahlt Gott so sehr mit Hiob, dass der Teufel darum bittet, diesen auf die Probe stellen zu dürfen. Gott lässt diese Probe zu, verpflichtet Satan aber, Hiob selbst nichts anzutun. Diese Bitte wird später noch so umgewandelt, dass der Satan Hiob nur nicht töten darf. Bei den ersten Proben (Tot des Viehs und Hiobs Kinder) bleibt Hiob Gott treu und klagt sogar seine Frau an, sie sei gottlos und dumm, als sie versucht, ihn von Gott abzubringen. Der Satz: „Das Gute haben wir von Gott angenommen, sollten wir dann nicht auch das böse Unheil annehmen?"[29] zeigt die Frömmigkeit, die Hiob Gott immer noch entgegenbringt – trotz all des Leids, das ihm geschieht.

Doch auch Hiob verfällt irgendwann in Zweifel und klagt vor allem seinen Freunden sein Leid. Diese reagieren anders als von Hiob gewünscht. Man kann die Gespräche der vier in drei Redeteile einteilen: Der erste Teil beschreibt die Anfangsrede von Hiob in der er seine Situation beschreibt und keinen Lebenssinn mehr sieht. Auf diese Beschwerden reagiert einer der Freunde Hiobs, Elifas, der das Leiden als kreatürlich bestimmtes Phänomen beschreibt. Da Hiob keine Zustimmung von seinen Freunden bekommt, wendet er seine Klagen gegen Gott. Doch auch diese Rede wird von seinen Freunden kritisiert: Bildad verteidigt die Gerechtigkeit Gottes und Zofar schiebt Hiob die Schuld zu, dass es ihm nun als Strafe für seine Sünden so ergehe.[30]

Der zweite Teil beginnt mit einer weiteren Klage durch Hiob, dieses Mal klagt er aber auch über seine Freunde, die kein Verständnis für sein Leid zeigen. In dieser Rede fordert Hiob Gott auch zu einem gewissen Rechtsstreit heraus, um zu betonen, dass er unschuldig sei. Diese Unschuldsbehauptung wird von Elifas erneut angegriffen, was eine weitere Klage Hiobs zur Folge hat. Diese wird wiederum von Bidad kommentiert durch die Anschuldigung, Hiob sei ein Unrechtstäter. Wie erwartet, hat dieser Kommentar ein weiteres Anflehen Gottes durch Hiob zur Folge.[31]

---

[29] Hoffnung für alle: Hiob 2,10
[30] Vgl. Stubhann, Dr. Matthias u.A (1985) S.306
[31] Vgl. Stubhann, Dr. Matthias u.A (1985), S.306

Der dritte und letzte Redegang dreht sich vor allem um die Zuschreibung und das Fragen nach dem Grund für das Leid. Elifas sieht es als Strafe, während Hiob sich an Gott wendet, um nach dem Grund zu fragen. Bildad betont die Überlegenheit Gottes gegenüber dem schwachen Menschen. Zum Schluss dieses Teils sieht Hiob die Überlegenheit Gottes ein, beteuert aber erneut seine Unschuld.[32]

Ab Kapitel 29 folgen bis Kapitel 31 weitere Reden Hiobs, die diesmal jedoch einen herausfordernden Charakter haben. Ein weiterer jüngerer Freund – Elihu – meldet sich zu Wort und beschreibt in Kapitel 32 bis 37 das Leid als Erziehungsmethode Gottes oder auch als Mahnung oder Warnung. Außerdem wirft er Hiob wegen seiner ganzen Klagen und Zweifel Gotteslästerung vor. Zum Schluss folgt eine interessante Wendung durch das Auftreten Gottes selbst, der zu Hiob aus einer Sturmwolke spricht (Kapitel 38-41). Hierbei stellt er Hiob zunächst sehr viele Fragen, am Ende erkennt er ihn jedoch wieder als seinen guten Knecht an und richtet seinen Zorn auf die Freunde, die falsch von ihm gesprochen hatten. Hiob, aus Furcht vor der Macht Gottes, bereut alle seine Anschuldigungen und bittet Gott um Vergebung. Gott schenkt ihm erneut einen großen Besitz und eine kinderreiche Familie. 140 Jahre nach diesem Geschehen stirbt Hiob.[33]

3.2 Historisch-kritische Darstellung

Die historisch-kritische Darstellung ist eine Methode zur Betrachtung von biblischen Geschichten. Es wird dabei versucht, die Texte so zu verstehen, wie sie zu der Zeit gemeint waren, in der sie verfasst wurden. Man fand durch diese Methode beispielsweise auch heraus, dass es sein könnte, dass die Mutter Jesu (Maria) keine Jungfrau war, sondern nur eine einfache junge Frau. Dies kann an der Übersetzung liegen, da im Griechischen das Wort für Jungfrau und junge Frau ein und dasselbe ist.

Es gibt mehrere Bereiche der historisch-kritischen Methode: Die Textkritik (schaut nach dem ursprünglichen Wortlaut und vergleicht diesen mit der Übersetzung), die Literaturkritik (versucht die Vorlage, den Verfasser und das Alter des Textes zu verstehen), die kritische Betrachtung der Religionsgeschichte, Traditionsgeschichte oder Formgeschichte (schaut nach dem Hintergrund und dem Anlass zur Verfassung des Textes) und zuletzt die kritische Betrachtung der Redaktionsgeschichte (wurde etwas am Text gekürzt oder verändert im Laufe der Zeit?). Ich möchte mir nun das Hiobbuch

---

[32] Vgl. Stubhann, Dr. Matthias u.A (1985), S.306
[33] Vgl. Hoffnung für alle (Bibel): Hiob 29-42

unter Betrachtung einiger der soeben genannten Aspekte anschauen, werde jedoch nicht auf alle eingehen können.

Über das Buch Hiob gibt es viele unterschiedliche Auslegungen. Die einen sind der Überzeugung, dass Hiob als historische Person nie gelebt hat, während andere dessen Existenz als essentiell für das Verständnis des Leidens beschreiben.[34] Auch über den Abfassungszeitpunkt, nach der jahrelangen mündlichen Überlieferung, ist man sich uneinig. Teilweise wird das Hiobbuch als Volkserzählung der nachexilischen Zeit eindeutig eingeordnet.[35] Andere sehen die Aramaismen[36] oder andere typische Merkmale dieser Epoche nur in der letzten Schrift, die bis heute überliefert wurde, verankert, gehen jedoch von der Verfassung des Textes zu einem früheren Zeitpunkt aus. Sie sehen einen möglichen Abfassungszeitpunkt beispielsweise zur Zeit Salomos (um 1000 v. Chr.).[37] Es wurden auch schon Bücher gefunden, die sich mit ähnlichen Themen wie im Hiobbuch beschäftigen, jedoch sind keine eindeutigen Einflüsse der Werke auf den Verlauf der Geschichte Hiob beweisbar. Folgende Bücher wurden gefunden: „Der Mensch und Gott" (2000 v. Chr.), „Vom leidenden Gerechten" (1600 v. Chr.), „Babylonische Hiob" (1400 v. Chr), „Babylonische Theodizee" (800 v. Chr.). Es ist schon im Namen eine gewisse Ähnlichkeit zu Hiob zu erkennen.[38] Der Verfasser des Hiobbuches ist unbekannt, weshalb eine zeitliche Einordnung umso schwerer wird.[39]

Der erste inhaltliche Punkt, den ich betrachten möchte, ist der Name Hiob an sich. Es gibt auch die ehemalige Bezeichnung Ijob, die mit „den man als Feind behandelt", „der sich gegen Gott wendet"[40] oder „Wo ist der Vater?"[41] übersetzt werden kann. Hiob war ein häufig vorkommender Name zwischen dem 20. und dem 14. Jhd. v. Chr. und wurde nicht nur im hebräischen Sprachraum verwendet. Der Mann Hiob des biblischen Textes lebte im Land Uz, welches östlich des Jordans liegt und gehörte somit zu den Ostleuten. Sein Besitz wies auf ein Leben zur halbnomadischen oder nomadischen Zeit hin. In diesen Jahren wurde der Reichtum nicht am Gold, sondern am Vieh gemessen.

---

[34] Vgl. Bräumer, Hansjörg (1992): S. 22
[35] Vgl. n.n. in: Stuttgarter Erklärungsbibel S. 616
[36] Aramaismen sind grammatikalische Formen und Wörter, die in der aramäischen Sprache ihren Ursprung haben.
[37] Vgl. Bräumer, Hansjörg (1992): S. 21
[38] Vgl. Bräumer, Hansjörg (1992): S. 27
[39] Vgl. n.n. in: Stuttgarter Erklärungsbibel S. 618
[40] Bräumer, Hansjörg (1992): S. 29 (bezieht sich auf die beiden ersten Zitate)
[41] n.n. in: Stuttgarter Erklärungsbibel S. 616 (Wobei hier der Begriff Vater im Bezug auf die Gottesgestalt betrachtet wird)

Mit seinen 7000 Schafen und Ziegen, 3000 Kamelen, 500 Rindern und 500 Eselstuten gehörte Hiob zum reichen Teil der Bevölkerung. Die Vollkommenheit seines Charakters wurde in der Zahlensymbolik (die Zahl drei ist göttlich und vier beschreibt die Erde), die in der Anzahl seiner Kinder zu finden ist (7 Söhne und 3 Töchter), begründet.[42]

Die Ansichten in Bezug auf Sünde und Krankheit, welche zur angenommenen Lebenszeit Hiobs galten (Zeit der Patriarchen), sind in der Geschichte Hiob stark bei den Freunden zu erkennen. Sie vertreten die Meinung, dass jeder für sein eigenes Glück verantwortlich ist und schreiben deshalb Hiob die alleinige Schuld an seinem Zustand zu. Hiob vertritt die Ansichten der veränderten Bewegung dieser Zeit, er sucht nach anderen Gründen für sein Leid und hinterfragt den überlieferten Glauben kritisch.[43] Eine andere Deutung für Hiobs Verhalten ist die Gefahr, die zu damaliger Zeit hinter dem Reichtum erkannt wurde, dass die reiche Person zu Hochmut verführt wird. Armut hingegen wurde mit Gottlosigkeit gleichgesetzt.[44] So sieht Hiob in seinem Zustand, in dem er seinen gesamten Reichtum verliert auch das Problem, dass er die Verbindung zu Gott verliert. Gegen dieses Gefühl möchte er mit seinen Worten und den Versuchen, das Geschehene zu verstehen, ankämpfen.

3.3 Bedeutung für das Christentum und das Judentum

Das Buch Hiob ist bekannt für die immer wieder auftretende Theodizeefrage[45], mit welcher sich nicht nur das Christen- und das Judentum beschäftigen, sondern auch viele andere Religionen. Für das Judentum findet sich in dem Buch Hiob eine gewisse Legalisierung dieser Taten im Gottesbild oder besser gesagt ein Beispiel dafür, dass am Ende doch alles gut wird, und damit eine verbundene Legalisierung des Leidens. Auch für das Christentum kann man im Hiobbuch eine solche Bedeutung erkennen, jedoch sind der Tod und die Auferstehung Jesu die bedeutenderen Ereignisse bezüglich dieser Frage.[46]

---

[42] Vgl. Bräumer, Hansjürg (1992): S. 32f (bezieht sich auf den gesamten Abschnitt)
[43] Vgl. n.n. in: Stuttgarter Erklärungsbibel S. 616 (gesamter Abschnitt)
[44] Vgl. Bräumer, Hansjürg (1992): S. 35f
[45] Die Theodizeefrage beschreibt die Frage nach dem Leid auf Erden. Der Mensch versteht nicht, wie es so viel Böses in der Welt geben kann, wenn es doch einen allmächtigen Gott gibt, der dieses verhindern kann.
[46] All diese Gedanken sind eigene Annahmen, die auf dem Wissen aus bereits gelesener Bücher und Gesprächen mit Gläubigen basieren

3.4 Auslegungen in Bezug auf das Böse

Die meisten Menschen, die sich je mit dem Buch Hiob in Bezug auf das Böse beschäftigt haben, betrachteten mehr die Theodizeefrage als das Buch Hiob selbst.[47] So gab es beispielsweise Epikur, der vier Möglichkeiten von Gott darstellte durch Betrachtung des Leidens auf Erden (Seite 300). Die erste Möglichkeit wäre, dass Gott das Leid oder das Böse auf der Erde besiegen möchte aber nicht kann, wodurch er jedoch nicht als allmächtig bezeichnet werden könnte (Seite 300). Ein Gott, der das Leid auf Erden beenden könnte, dies aber nicht will und damit ein noch viel größeres Böses darstellen würde, beschreibt die zweite Möglichkeit (Seite 300). Die dritte Möglichkeit, dass Gott das Böse besiegen kann und auch will, kann schon deshalb ausgeschlossen werden, weil es nun mal nicht der Realität entspricht (Seite 300). Und auch die letzte Möglichkeit, dass Gott das Böse weder besiegen kann noch will, kann widerlegt werden, da Gott demnach weder allmächtig noch gut wäre (Seite 300). Deshalb geht Epikur von einem Gott aus, der sich ganz einfach nicht um die Erde kümmert und sich deshalb auch keine Gedanken über das Leid dort macht (Seite 301).

Eine andere Vorstellung von Gott vertrat Leibniz. Er beschrieb Gott als eine Art Programmierer, der verschiedene Programme der Erde zur Verfügung hat, die jedoch alle Fehler enthalten (Seite 308). Gott minimiert durch Auswählen des Programms mit den geringsten Fehlern in gewisser Weise das Leid auf Erden, kann dieses jedoch nicht hundertprozentig garantieren (Seite 308). Jungs Auslegung in Form des Buches „Antwort auf Hiob" kommt dieser Art sehr nahe. Auch er schaut vielmehr auf den Ursprung des Bösen als auf die eigentliche Bewertung.

---

[47] Vgl. Safranski, Rüdiger (1999) (Seitenzahlen im gesamten Abschnitt beziehen sich auf dieses Werk)

4. Antwort auf Hiob

4.1 Inhaltsangabe

Carl Gustav Jung beschreibt in seinem Werk „Antwort auf Hiob" nicht nur das Hiobbuch an sich und die damit verbundene Theodizeefrage, wie es viele der vorher genannten Philosophen und Psychologen getan hatten. Er betrachtete das Buch Hiob vielmehr als Meilenstein auf dem Weg der Entwicklung eines unerfahrenen Gottes und seines Geschöpfs. Beginnend bei der Schöpfung der Erde wurde dieser Gott nach Jung so sehr begeistert von seiner Macht, dass er diese sogleich bei Hiob ausprobieren musste. Bei der Inkarnation in Christus versuchte er den Menschen für diese Tat zu entschädigen. Zu Beginn des Werkes beschreibt Jung Hiobs Ansichten von Gott, wobei dieser größtenteils dieselben Vorstellungen von Gott vertritt wie Jung selbst (Gott hat sowohl Gutes als auch Böses in sich). Carl Gustav Jung erkennt in dem Buch die Offenbarung dieser Ansicht, also der Doppelnatur Gottes und dessen Antinomie.[48]

Jung erkennt Gottes Schuld an dem Sündenfall indirekt durch den Hinweis auf den Baum und die damit verbundene Verführung. Durch die erste Inkarnation, also die Erschaffung des Menschen als Ebenbild Gottes, sieht er Gott in der Welt vergegenwärtigt. Dessen Charakter, die Zwiespältigkeit Gottes, erkennt man nach Jung jedoch erst in der Geschichte Hiob durch die moralische Überlegenheit des Menschen. Hiob erkennt die Antinomie Gottes, hofft jedoch auf dessen Gerechtigkeit, wärend Jahwe selbst noch so von seiner Macht überwältigt ist, dass er seine böse Seite unbewusst am Menschen, in diesem Fall an Hiob, auslebt.[49]

In seinem Werk folgt Jung weiter diesem Entwicklungsweg Gottes, wodurch die Menschwerdung in Christus als zweite Inkarnation dem Beispiel der Erschaffung Adams folgt. C. G. Jung sieht dabei diese zweite Inkarnation in direkter Verbindung zum Leiden Hiobs. Einmal versucht Gott den Menschen durch Christus zu entschädigen und diesen in gewisser Weise vor sich selbst zu retten. Zum zweiten will Jahwe dadurch seine eigene Schöpfung verstehen. Um sich selbst auf Erden vor Satan, beziehungsweise seiner bösen Seite zu schützen, wird Maria durch die Eigenschaft einer jungfräulichen Geburt zu einer Art Göttin gemacht. Dies hat zur direkten Folge, dass das Kind auch kein Mensch

---

[48] Vgl. Jung, Carl Gustav (2001) S.13-19
[49] Vgl. Jung, Carl Gustav (2001), Kapitel 2, 5, 6

sondern ein Gott sein muss. Jedoch ist durch Jesus auch eine Schnittmenge zwischen Mensch und Jahwe geschaffen, da dieser nun einmal in den Körper eines Menschen hineingeboren wurde. Der später die Verbindung haltende Heilige Geist ist nach Jung gleichzeitig auch der Geist, der Christus erschaffen hatte und damit von Anfang an die Verbindung zwischen Himmel und Erde darstellt.[50]

Die Inhaltsangabe dieses Werkes möchte ich abschließen mit den Worten Jungs selbst: „Jahwe ist ein Phänomen und nicht ein Mensch."[51] Diesen Satz erkennt man in seinem gesamten Werk wieder. Er versucht, dieses Phänomen zu verstehen und zu beschreiben, gerät dabei aber immer wieder an seine Grenzen und widerspricht sich selbst.

4.2 Jungs Umgang mit dem Bösen in diesem Buch

Bei dem Versuch, Jungs Bild vom Bösen darzustellen und dessen Umgang im Buch „Antwort auf Hiob" wiederzufinden, ist zu beachten, dass Jung in diesem Buch nicht die Bewertung bestimmter Taten anstrebt. Vielmehr versucht er, eine Struktur in dem Ganzen zu erkennen, oder, wie es meist sein Ziel war, eine Vorstellung zu kreieren, in diesem Fall von einem Gott.[52]

Demnach bewertet Jung auch kaum die Taten Hiobs, sondern schaut vielmehr, wie Gott handelt. Er erkennt in der Geschichte Hiobs, wie bereits erwähnt, den Dualismus Gottes und sieht damit das Böse wie auch das Gute in Gott verankert. Es ist interessant zu sehen, wie viel Menschlichkeit Jung dem christlichen Gott zuschreibt, indem er ihn als bereuendes Wesen betrachtet, das sich für seine Taten in Christus rechtfertigt. Es ist dasselbe Bereuen, das dem Menschen gegeben ist, jedoch nicht so häufig gezeigt wird. Man könnte sagen, Gott hat dem Menschen sowohl das Böse gegeben als auch die Fähigkeit, dies zu bereuen und zu versuchen, es wieder gut zu machen. All diese Eigenschaften finden wir in Gott und durch die Ebenbildlichkeit des Menschen – eben auch in uns.

---

[50] Vgl. Jung, Carl Gustav (2001), Kapitel 4, 5, 6, 7, 9, 11, 12
[51] Jung, Carl Gustav (2001), Seite 30
[52] Vgl. Rieländer, Maximilian; Silberer, Michael (1969) S.3

4.3 Reaktionen auf das Buch und Jungs Lehren im Allgemeinen

Bei Carl Gustav Jungs Werken gilt es immer zu beachten, dass er sich selbst als empirischen Psychologen betrachtete und aus seiner Sicht nie den Bereich der Psychologie verließ. Dies sahen viele Kritiker anders und warfen Jung vor, er würde sich mit Dingen beschäftigen, über die er nur wenig informiert sei und die nicht in seinen Aufgabenbereich fielen. Jung widerlegte solche Kritik in dem er erklärte, was seiner Ansicht nach in die Psychologie gehörte. Da es sich bei Hiob oder bei Theologie allgemein um Vorstellungen – Gottesvorstellungen – handelt, ist dies nach Jung eindeutig Teil der Psychologie und bedarf der seelischen, nicht jedoch der physischen Betrachtung.[53] Jung selbst meinte auch, dass seine Beobachtungen rein psychologisch zu betrachten seien und deshalb nicht ohne weiteres in die Theologie übernommen werden könnten.[54]

Im Allgemeinen sind Jungs Zuordnungen und Beschreibungen für Theologen oder Wissenschaftler aus anderen Bereichen häufig nicht gut nachvollziehbar. Dies mag wohl an der Empirie, die Jungs Erkenntnissen zu Grunde liegt, liegen. Dabei betrachtete Jung seine Patienten und versuchte, die unterschiedlichen Vorstellungen miteinander zu vergleichen und Parallelen zu finden. Außerdem ging er häufig von seinem eigenen inneren Erleben aus und hatte damit eine nicht immer leicht nachvollziehbare Betrachtungsweise.[55]

Häufig kritisiert wird bei Jungs Lehren auch das Alter, welches er betrachtete. Als Psychologe beschäftigte er sich hauptsächlich mit der zweiten Lebenshälfte der Menschen, weshalb man seine Lehren nicht auf die Kindheit beziehen kann. So auch mit der Gottesvorstellung und die mit ihr verbundenen Bewertung des Bösen, auf welche Jung in „Antwort auf Hiob" einging.[56]

---

[53] Vgl. Jung, Carl Gustav (2001) S. 7-11
[54] Vgl. Beck, Irene (1976) S. 80
[55] Rieländer, Maximilian; Silberer, Michael (1969) S. 3f
[56] Vgl. Beck, Irene (1976) S. 177ff

5. Abschließende Bemerkungen

Wärend des Schreibens an meiner Seminararbeit habe ich mir immer wieder die Frage gestellt, ob Carl Gustav Jung mit seinem Buch wirklich eine Antwort auf Hiob verfasste oder was die „Antwort auf Hiob" genau beschreiben soll. Im Laufe der Zeit wurde mir immer klarer, dass Carl Gustav Jung mit diesem Titel gar nicht das Buch selbst als Antwort auf die Geschichte Hiobs oder die damit verbundene Theodizeefrage sieht. Er suchte vielmehr in seinem Buch nach einer Antwort auf die Frage nach dem Leid durch Gott selbst. Nach einer Antwort mit der Gott das Leid, welches er Hiob angetan hatte, entschuldigt beziehungsweise die Menschheit entschädigt. Je näher man in „Antwort auf Hiob" dem Ende des Buches kommt, desto klarer sieht man, dass Jung in Jesus eine Antwort fand. Es ist das Prinzip von Schuld und Bereuen, welches Gott so häufig von uns Menschen erwartet und was C. G. Jung hier auch auf Gott übertragen hat.

Eine weitere Frage, die mir gestellt wurde war, ob Jung das Böse nicht ein wenig verharmlose. Diese Frage muss ich verneinen da, so wie ich die Ansichten Jungs verstehe, er nicht der Meinung war, man könne das Böse bewerten. Als Psychologe suchte Jung stets nach dem Ursprung der Dinge, um etwas an der Wurzel verändern zu können. Bei dem Thema des Bösen hat Jung, denke ich, gemerkt, dass er selbst kaum etwas an dieser Wurzel ändern kann. Das Böse ist da und es ist in jedem von uns, wobei das Gute trotzdem überwiegt. Es ist an uns, diesen kleinen Bereich, der in uns zum Bösen strebt, nicht zu hoch zu stellen. Ich sehe in den Betrachtungen Jungs keine Bewertung von Gut und Böse, vielmehr hatte er eine gewisse Rechercheleistung erbracht, die eine gute Grundlage für das Verständnis, warum es das Böse gibt, legte.

Jung selbst sagt: „Die wirklichen Geheimnisse kann man gar nicht verraten".[57] Dies kann man hier durchaus auf das Gottesbild oder auch auf das Böse beziehen. Man kann keine allgemeine Antwort auf die Theodizeefrage oder die Frage nach Gott finden. Jeder muss dies individuell für sich festlegen. Und mit diesem Hintergrund kann man Jungs Thesen als ein Beispiel für die Vorstellung von Gott sehen, die er aber keinesfalls als absolute Wahrheit hinstellen möchte. Ich hoffe es ist mir gelungen, all diese Aspekte in meiner Seminararbeit unter Berücksichtigung seiner Meinung darzustellen.

---

[57] Jung, Carl Gustav, in: zitatezumnachdenken (http://zitatezumnachdenken.com/carl-gustav-jung zuletzt: 25.05.2017), ohne Paginierung

6. Abbildungen

6.1 Abbildungsverzeichnis

Abbildung 1: Zeichnung der Verfasserin nach Motiven von: Beck, Irene, *Das Problem des Bösen und seine Bewältigung*, München 1976, S.86

6.2 Abbildungen

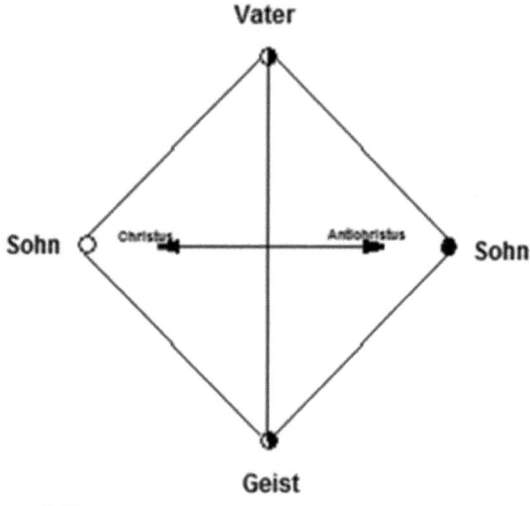

Abbildung 1

Literaturverzeichnis

- Bräumer, Hansjürg, *Das Buch Hiob*, in: Wuppertaler Studienbibel, herausgegeben von Brockhaus Verlag 1992, Seiten 1-320
- Beck, Irene, *Das Problem des Bösen und seiner Bewältigung,* München 1976
- Jentsch, Werner; Jetter, Hartmut; Kießig, Manfred; Reller, Horst, *Evangelischer Erwachsenenkatechismus,* Gütersloh unbekanntes Jahr
- Jung, Carl Gustav, *Antwort auf Hiob,* München 2001
- Krapf, Pascal, *C.G. Jung- Psychologie und Religion,* München 2000
- n.n., *Stuttgarter Erklärungsbibel,* Stuttgart 2005
- n.n., Hoffnung für alle (Bibel), Witten 2011
- Rieländer, Maximilian; Silberer, Michael; *Die Frage nach Gott in der Psychologie von C.G. Jung,* Münster 1969
- Safranski, Rüdiger, *Das Böse oder das Drama der Freiheit,* Frankfurt am Main 1999, Seiten 291- 318
- Stubhann, Prof. Dr. Matthias u. A., *Die Bibel von A-Z,* Salzburg 1985, Seiten 112/113 und 306
- Wehr, Gerhard, *C.G. Jung,* Reinbeck bei Hamburg 1. Auflage: 1969, 22. Auflage: 2013

.